기도 바구니

기도 바구니

글 윤해영 바실리사 수녀
그림 김선명 스테파노 수사

The Basket of Prayers

Sr. **Basilisa Youn**
Ill. by **Br. Stephen Kim**

Copyright © 2004 by ST PAULS, Seoul, Korea

ST PAULS
103-36 Songjung-dong Gangbuk-gu 142-806 Seoul Korea
Tel 02-9448-300, 02-986-1361 Fax 02-986-1365

국립중앙도서관 출판시도서목록(CIP)

기도 바구니 / 윤해영 글 ; 김선명 그림. -- 서울 :
성바오로, 2004
  p. ;   cm

ISBN 978-89-8015-521-7 03230
ISBN 89-8015-521-2 03230

234.3-KDC4
242-DDC21   CIP2004000640

새
해

일상의 수레바퀴는 여전히 힘겹게 굴러가지만
세월의 새로운 마디를 여는 마음은
누구나 설레지요.
새해가 추운 한 겨울에 있다는 것은
참 많은 것을 묵상하게 해줍니다.
아마도 낡은 것들은 이 겨울을
건너지 못하기 때문이 아닐까요?
신선함이 지나쳐 칼날 같아요.

울
타
리

하느님께선 생각도 못하셨을텐데
인간들이 가장 많이 만들어 놓은 것이 있지요.

다름 아닌 울타리입니다.
사람들은 모이기만 하면
울타리 만들기에 급급한 것 같아요.
내 편, 네 편
그리고 스스로 만들어 놓은 울타리에 갇혀서
다시 하느님을 원망하기에 바쁘지요.

바로 당신

문을 열 사람은

바로 **당신**이에요.

고독을 잃어버린 삶

혼자 있는 심심한 시간을
잘 견디지 못하는 사람들이 늘어만 갑니다.
가끔은 혼자 있어야 하는데…
고독한 삶보다
고독을 잃어버린 삶은 더 안타까우니까요.

무엇이 두렵습니까?

하느님은 어디 계신가요?
앞에
곁에
뒤에
아래에
안에
주위에
위에…
그분이 계시는데
무엇이 두렵습니까?

하느님의 조카 딸

우리는 세례 받으면
하느님의 아들, 딸로 불리게 됩니다.
그런데…
살다가 고통을 만나게 될 때
도망가거나 받아들이지 못한다면
하느님의 아들, 딸이 아니라
조카나 조카딸쯤 되지 않을까요?
우리 혹시 조카나 조카딸쯤
되는 것은 아니겠지요?

그분을 부를 때

반가운 사람에게서 편지를 받았을 땐
뜯기 전부터 얼굴이 환해집니다.
그 사람 얼굴도 떠오르고

말씨며 분위기며, 그 사람 생각에
내 마음이 젖어들지요.
읽는 것도 조금씩 아껴가면서 두고두고 읽게 되고요.
사람끼리의 감정이 이러한데
하느님이 인간을 맞아주시는 마음은 어떠실까
생각해 보게 됩니다.
우리가 그분의 이름을 부를 때
이미 우리 마음 한가운데
와 계시지 않을까요?

걸리는 게 없으면

사람들이 수녀인 저에게 종종 이렇게 묻습니다.
"걸리는 게 없으니 얼마나 좋겠느냐구요?"
그렇게 좋게 봐주시는 것은 정말 고맙지만요,
걸리는 게 없으면 살아 있는 사람이 아니지요.
'시냇물 이야기'로 답을 드리고 싶습니다.

시냇물 흐르는 소리를 좋아하던 사람이 있었는데요.
그는 더 좋은 소리를 들으려고 돌을 모조리 치워버렸대요.
자, 어떻게 되었을까요?
시냇물은 그만 노래를 잃어버리더랍니다.

소망

그냥 이렇게
작은 빛이고 싶습니다.

다시 한번

"나는 더 이상 어쩔 수 없어."

"이건 내 힘으로 불가능한 일이야."

"이제 모든 것이 끝장이야."

다시 한번 생각해 보세요.

"당신은 할 수 있습니다."

"당신 안에 힘이 있습니다."

"당신 안에 하느님이 계십니다."

슬럼프

사람은 높이 뛰어오르기 전에 꼭 몸을 굽힙니다.
혹시 지금 자신이 정체하고 있는 것 같은
느낌이 드는 분들과 함께 나누고 싶어요.
슬럼프도 자기 자신 속에 에너지를 축적하는
중요한 시간입니다
그럴 때일수록 초조해 하지 말고 스스로를 달래며
오히려 잘 챙겨먹고 몸과 마음에
영양을 듬뿍 주도록 하세요.
그래야 기회가 주어질 때 뛰어오를 수 있으니까요.

행복

행복은 '헌 옷' 같다는 말이 있습니다.
새 옷을 입으면 우선 기분이야 좋겠지만
뭔가 불편이 따르는 법이지요.
이렇게 행복은 헌 옷과 같이
소박한 곳에 있다고 합니다.
소박하게 사는 방법 하나 가르쳐 드릴까요?
〈손으로 직접 만든 음식을 먹고,
  간편한 옷을 입고,
  청소하기 쉬운 곳에 사는 것〉
그런데 이게 그렇게 쉽지만은 않지요.
그래서 행복은 멀게만 느껴지는가 봅니다.

국수 한 그릇

국수 한 그릇 먹다가
퍼뜩 정신이 들 때가 있어요.

또 재미있는 일로 깔깔 웃다가
순간 멈칫할 때도 있고
따뜻한 자리에 누워 온 몸이 편안해질 때
왠지 이 기쁨을 누리지 못하는
누군가가 있다고 생각하면
가슴 한 구석이 서늘해집니다.

여백

구속하듯 구속하지 않는 것
서로 존재를 느끼고
존중하는 간격
묻거나 확인하지 않아도
신뢰할 수 있는 거리
이 여백은
사람과 사람 사이에도 꼭 필요합니다.

…에
도
　
불
구
하
고

감사는
…때문이 아닙니다.
…에도 불구하고
순수한 인간만이 드릴 수 있는
가장 아름다운 기도입니다.

함께

'함께' 잘 살아야지요.
먼저 불이 붙은 토막은 불씨가 되고
빨리 붙은 토막은 밑불이 되고
늦게 붙은 토막은 마른 것 곁에서 의지하며
젖은 장작은 나중에 던져져서
마침내 함께 어우러져
활활 타는 장작불처럼
'함께' 잘 살아야지요.

목표

나비는 수심을 몰라서
바다가 조금도 두렵지 않고요.
사람은 어디를 향해 가는지 모를 때
가장 높은 데까지 올라간다고 합니다.
여러분은 어디를 향해
그렇게 가시는지요?
오늘 하루 목표가 있다는 것은
살 맛 나는 일이지요.

자유 1

자연의 질서는 참 신비롭습니다.
겨울의 발꿈치를 잡고
꽃부터 피워내는 성급한 친구들이
있는가 하면
점잖은 걸음으로
아무의 눈에도 띄지 않게 나오는
친구들이 있습니다.
자연을 바라보면서 자유를 발견합니다.
소신을 갖고 마음껏 존재하는
그 자유를 닮고 싶습니다.

함께, 서로, 우리

암환자가 있었습니다.
친구들은 그를 위해 무엇을 할 수 있을까
의논을 한 끝에
매일 밤 9시에 모여 그 친구를 위해
기도를 드렸어요.
아픈 친구에게 어느 날부터인가
이상한 일이 생겼답니다.
밤 9시만 되면 힘이 생기고
기쁨이 솟구친다는 것이에요.
(함께, 서로, 우리)
이런 단어들은
사람을 살리는 묘약인 것 같습니다.

나침반

어느날 문득
성가 한 소절에 눈물이 핑돌고
성서 한 구절에 가슴이 탁 트이는 것을
우리는 경험합니다.
살면서 아주 소중한 체험이라고 할 수 있겠지요.
이 체험은 경우에 따라
평생 잊지 못하는 삶의 나침반이
되어 주기도 하지요.

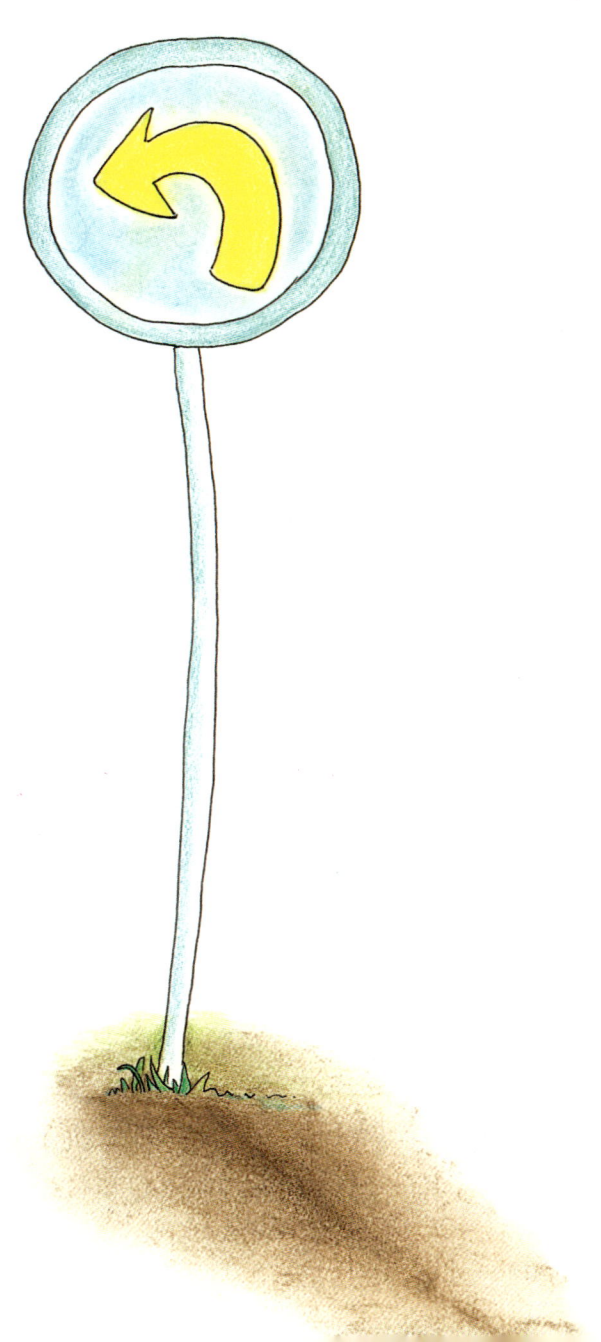

기초작업

지혜의 씨앗을 뿌릴
내 마음의 밭을 일구어 내는 것

내 안에서조차
나는 도구에 불과합니다.

나는 삽입니다.

이걸 먹으면…

대중 매체의 광고들은
우리를 이렇게 현혹합니다.
이걸 먹으면
이걸 바르면
이걸 입으면
이걸 타면…
이러한 문구들에 마음이 많이 끌리시나요?
무척 솔깃하시다구요?

조연

하루하루 자연이 달라지고 있습니다.
푸른 색에서 붉은 색으로
바람도 제 기능을 제법 발휘하고 있고요.
거리의 사람들도 왠지 마냥 밝은 것만이 아닌
뭔가 생각하는 표정들이 훨씬 많아졌어요.
주연에서 조연으로 넘어가는 것 같은
그런 분위기,
가을은 자신의 '때'와 '역할'을
자각하게 해주는 깨달음의 계절이기도 합니다.

숨은 그림

뭐 좀 끼었으면 어때요.
웃으면서 살아요.

지금, 여기

언제나 어디서나 계시는 하느님은
창 밖에도 계시고 창 안에도 계시지만
내가 그럴 수 없기에
내가 있는 곳에서만 그분을 만날 수 있습니다.
지금, 여기
내 삶의 자리를 지키는 것
이것이 잘 사는 길이겠지요.

박수

우리는 이긴 사람에게
환호의 박수를 보냅니다.
하지만 열심히 노력했음에도 진 사람에게
격려의 박수를 보내는 것을
잊으면 안되겠어요.
실상 우리가 사는 삶에는
이긴 사람보다 진 사람이 더 많으니까요.

바람

바람은 밖에서만 부는 게 아니랍니다.
추운 바람이야
따뜻한 옷 껴입으면 되지만
마음 속에서 불어대는 바람은
도무지 대책이 없습니다.
혹시 내 안에서 부는 바람소리
들으신 적 있나요?

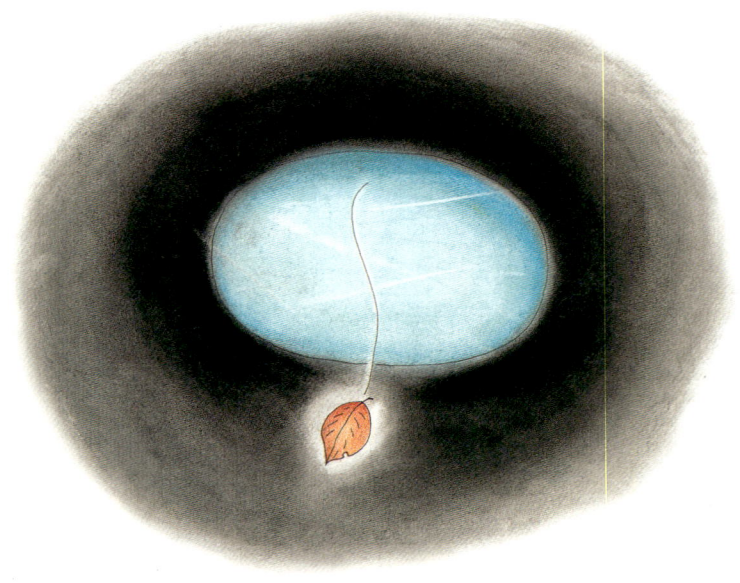

나에게

"그래, 넌 참 약하고 부족한 것도 많아.
 그러나 넌 다시 일어설 수 있어."

자기 안에 천국을 만들고
자기 가슴 속에 샘물을 파야 합니다.
남이 칭찬해 줄 때까지 기다리지 말고
스스로 칭찬하십시오.

마음이 틀 땐

하느님!
마음이 틀 땐 뭘 바르나요?

아이와 같아지려면
뭘 발라야 하나요?

생각하는 자리

앉아 보세요.
정직하지 못했으면 1D분
남을 헐뜯었으면 2D분
이웃의 어려움을 모른 척했으면 3D분
지금 몇 분을 앉아야 되는지 생각해보세요.
아마 몇 시간을 앉아도 모자라겠지만
더 안타까운 것은
'생각하는 자리'를 필요로 하지 않는 마음이 아닐까요?

침묵

침묵과 하느님은
뗄래야 뗄 수 없는 하나이지요.

한 가족

문득 이런 생각이 들었습니다.
내가 방금 들이마시고 내쉰 공기는
한 때 미워했던 사람들이 들이마시고 내쉬었던
그 공기일지도 모른다는 그런 생각이요.
또 내가 내쉬는 숨을 그들도 분명히 들이마셨을거구요
"나를 불편하게 했던 사람들도
 하늘 아래 한 가족이었구나!"
이런 생각이 스치면서
뭉쳤던 그 무엇이 쑥 빠지는 것 같았습니다.

판단력

현미경으로 보아야 할 것이 따로 있고
망원경으로 보아야 할 것이 따로 있습니다.
현미경으로 보아야 할 것을
망원경으로 보아서도 안 되겠지만
망원경으로 보아야 할 것을
현미경으로 보아서도 안 되겠어요.

시간 좀 내세요!

친한 사람끼리도 너무 오랜만에 만나면 어색해지지요?
대화가 궁하다고나 할까요?
아무튼 왠지 서먹서먹해지는 것을 경험합니다.
하느님과 우리의 관계도 마찬가지겠지요?

하루에 단 얼마 만이라도 하느님께 시간을 내어드리지 못하고
그저 자신만을 위해 사는 사람은
하느님과 언제나 서먹서먹할 수밖에 없을 것 같아요.

나는 세상을 잘라보았지만
그분은
나의 온 존재를
보아주셨습니다.

그분은

그대로 그렇게

사소한 것에도 중독 되어 사는 우리지만
그대로 간직하고 싶은 것들이 있습니다.
그 골목길, 그 친구
그 찻집, 그 음악…
이런 것들은 변하지 않았으면
정말 좋겠습니다.
날이 갈수록 추억은 새로워지니까요.

이럴 땐 어떡하나요?

스스로 주저 앉고 싶을 때가 있습니다.
그냥 얼굴을 무릎에 박은 채
몇 시간이고 그렇게
앉아 있고 싶을 때가 있습니다.
두 눈이 짓무르도록 울고 싶을 때가 있습니다.
이럴 땐 어떡하나요?

청사진

내가 빛을 잃으면
나의 계획도
빛을 잃어갈 것입니다.

성공

주변에서 누가 성공했다는 이야기를 종종 듣습니다.
돈을 많이 벌었으면 성공한 것일까요?
공부를 많이 하고 세칭 좋은 직업을 가졌으면
성공한 것일까요?
자식들이 잘 풀렸으면 성공한 것일까요?
제 생각은요, 성공을 위한 노력 못지 않게
무엇을 위한 성공인지가 중요한 것 같습니다.
성공한 그 힘으로 무엇을 할 것인지…

말없이

가만히 옆에만 있어도 좋은 사람
함께 밥을 먹고
마주 보는 것만으로도 기쁨이 되는 사람
그런 사람이 있습니다.
그런데 이런 사람들은 대개 말보다는
미소, 손길, 눈길, 표정, 향기…
이런 걸 통해서 온유함을 전해주지요.
그러고 보면 말없이 침묵을 공유하는 사이는
굉장한 사이예요.

나
 하
 나
 만
 이
 라
 도

"나 하나만이라도 정직하게 살아야지요."

"나 하나만이라도 자연을 아껴야지요."

"나 하나만이라도 남을 도와야지요."

겨울

겨울이 뼛속까지 들어차는 날,
이렇게 바람이 차고 손끝이 시린 날은
더욱 더 자기 내면을 들여다 보게 하는
힘을 가진 것 같습니다.
매서운 바람을 맞고
얼어붙은 땅을 밟고
또 앙상하게 서 있는 나무들을 보면서
이상하게 정신이 맑아지는 것을 느낄 수 있었어요.
훌훌 털어버리는 자연의 그 빈 모습에서
오히려 더 풍성함을 느끼게 됩니다.

인생

빈 배는 쉽게 파도에 난파됩니다.
조금만 세찬 바람이 불어와도 견디지 못하고
쉽게 뒤집어지지요.
그래서 먼 항해를 나갈 때
선원들은 일부러 짐을 싣기도 한다고 합니다.
인생이란 항해도 마찬가지가 아닐까 싶어요.
적당한 고뇌란
인생의 안전한 항해를 위해서
반드시 필요하지 않을까요?

부활

하늘과 땅이
하나가 된 이 날을
축하합니다.

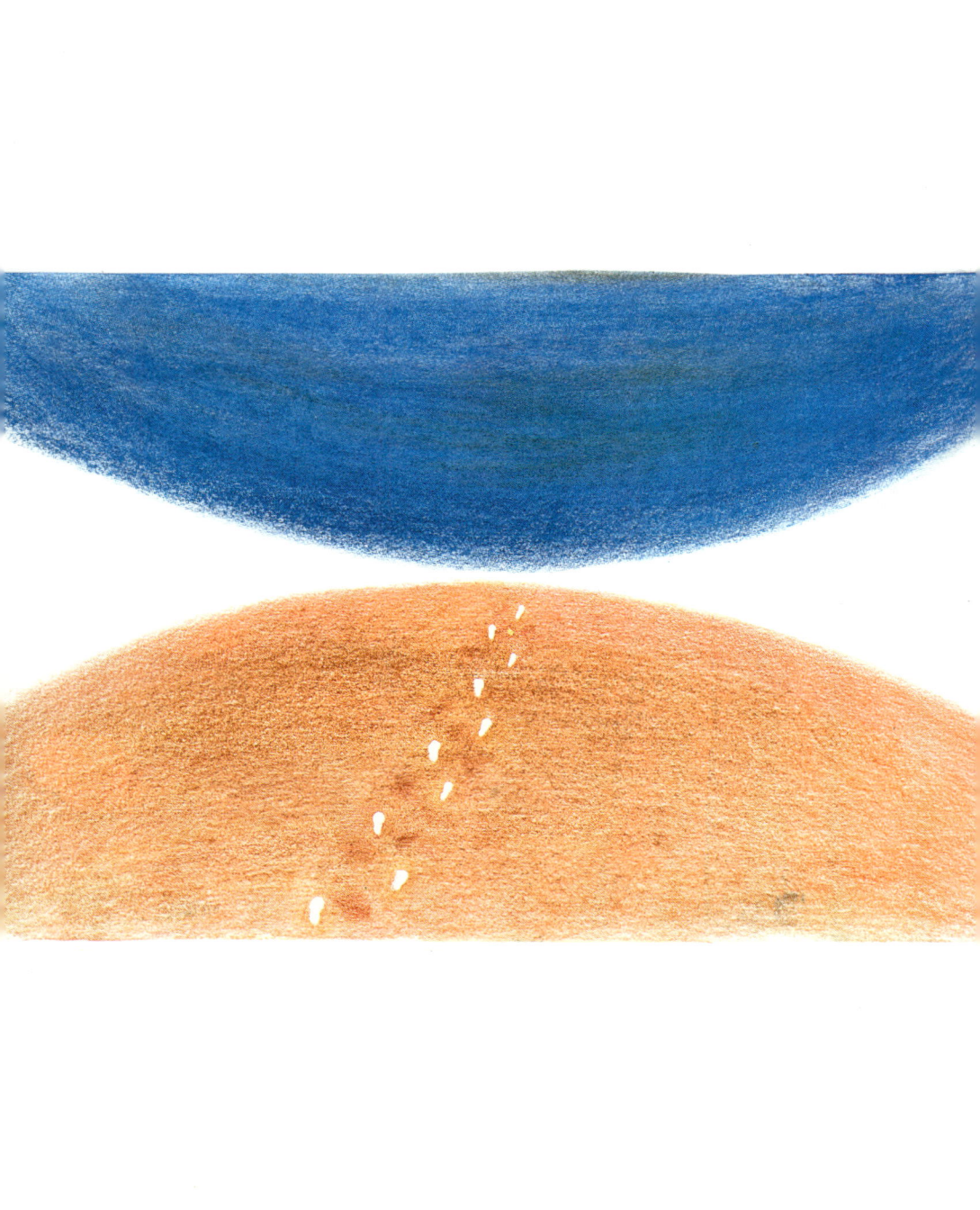

내가 아직
아버지께 올라가지 않았으니
나를 붙잡지 말고
어서 내 형제들을 찾아가거라 (요한 20,17).

라뽀니

부르심

다른 것은 틀린 것이 아닙니다.
다른 것은 다를 뿐입니다.

만남

때로는 밉고 때로는 보기 싫을지라도
돌아서면 보고 싶어지는
누군가가 있다는 것
얼마나 큰 축복입니까?

지나간 인연
함께하고 있는 인연
앞으로 만들어 갈 인연
모두 다 소중한 만남이지요.

**육
화**

기와는
우리네 인생을 닮았습니다. 기와는
굽이굽이 우리네 산을 닮았습니다.
그런 우리와 같아지시려고
그분은 사람이 되셨습니다.

멀~리 멀~리

일상의 삶 안에서 눈에 잘 보이진 않지만
가치 있는 일들이 있습니다.
인사 잘 하는 것
사용한 물건을 제자리에 놓는 것
단점보단 장점을 서로 이야기하는 것
생색 내지 않고 묵묵히 일하는 것
이 작은 행동들은 눈에 띄진 않지만
사랑의 씨앗이 되어
멀리 멀리 퍼져나갈 거예요.

누구실까요?

좋아하는 사람의 이름은 맨 앞에 적지만
사랑하는 사람의 이름은 가슴에 새기게 됩니다.
좋아하는 사람은 눈 크게 뜨고 보고 싶은 사람이지만
사랑하는 사람은 눈을 감고 보고 싶은 사람입니다.
공감하시나요?
새 노트 앞에서
누군가의 얼굴도 그려보고 마음도 느껴보면서
새 행복에 젖어 봅니다.
(가슴에 새기고 싶은 이름, 눈을 감고 보고 싶은 사람)
당신에겐 누구실까요?

폭력

마음을 가만히 들여다보면
참 무서울 때가 있습니다.
무기 하나 품고 있는 것 같아요.
누군가 저를 톡 쏘았을 때
그때는 그냥 지나가도,
언젠가 기회가 주어질 때
저 역시 톡 쏘거든요.
사회 전반에 펼쳐져 있는 폭력에 대해서
누구든지 말은 쉽게 하지요.
이러쿵 저러쿵 세상이 이래서 되겠냐구요.
정작 자기 안에 있는 '폭력'을
들여다보고 나면 할 말이 없어집니다.

사이사이

건물의 담을 보면 똑같은 모양의 돌로
죽 쌓은 것도 있지만
여러 모양의 돌들이 모여서
담을 이루고 있는 것을 볼 수 있습니다.
큰 돌과 큰 돌 사이에 끼어서
균형을 잡아주는 아주 조그마한 돌도 있지요.

세상도 마찬가지가 아닌가 싶어요.
멋진 것과 볼품 없는 것들이
서로 어울려서 이 세상을 움직이고 있습니다.
그래서 이 세상에서 가치 없는 것은
하나도 없는 것 같아요.

자유 2

자유는
피어오르는
향의 연기를 닮았습니다.

소중한 일

우리는 소중한 일과 바쁜 일 사이에서
갈등을 겪을 때가 많이 있습니다.
그런데 대개는 바쁜 일은 그렇게 소중하지는 않고,
소중한 일은 초를 다투게 바쁘지는 않지요?
나는 과연 소중한 일과 바쁜 일 사이에서
어디에 초점을 맞추며 사는지요.

조금 더 찬찬히

우리 대부분은
"더 많이, 더 빨리, 더 편리하게"
이 방식에 이미 중독되어 있는 듯합니다.
사실 인간관계에서
지나친 관심은 때론 피곤하기도 하지만
옆 사람에 대한 배려는 늘 아쉽지요.
배려받기는 원하지만
배려하기는 쉽지 않으니까요.
나 어릴 적 삶을 찾고 싶어요.
(조금 더 찬찬히
  조금 더 적게
  조금 더 불편하게)

두근 두근

두근거리시나요?
사랑하고 계시는군요.
설레시나요?
사랑받고 계시는군요.

우리가 살아 있는 동안
마지막까지 해야 할 것 한 가지는
사랑하는 것뿐입니다.

선입견

곁에서 함께 일하며
백지 한 장이라도 맞들어 보고
헐뜯고 싸워 보지 않고서야
어떻게 그 사람을 안다고
할 수 있겠습니까?

버스 정류장

제가 떠날 때는 몰랐어요.
사랑하는 사람을
떠나보낸 이 자리가
너무나 쓸쓸하다는 것을…

일치

너와 내가 하나가 될 수 있는 것은
구멍나고
부수어지기 때문이지요.

힘드신가요?

지금 이 순간을 누리세요.
먼 훗날이 되면
이 액자에 간직하고 싶을 만큼
소중한 시간이니까요.

고민

고민은 거리를 두고 바라볼 때
오히려 쉽게 풀리는 경우가 있습니다.
고민과 씨름하고 있으면 오히려 걱정이
나를 묶어버리고 말지요.
모든 문제를 일정한 거리와 간격을 두고
바라볼 때 문제 해결의 지혜를 얻기도 합니다.
그래서 기도는 하느님께 자신의 걱정을
말하는 게 아니라
하느님의 빛에 자신의 걱정을
비춰보는 것이 아닌가 싶어요.

마음

사람은 자기 마음 속의 모습을
현실에서 볼 뿐입니다.
마음 속에 낙원을 지닌 사람은
모든 것이 감동스러울테니까요.

왜 둥글까?

감을 먹다가 그만 목이 메었습니다.
"왜 둥글까?"
나뭇가지도, 뿌리도, 과일을 씹는 치아까지도
모두가 뾰족하잖아요?
생각이 여기에 미치자
그만 눈물이 핑 돌았습니다.

행복

앉아 있는 사람에게 행복은 앉아 있고
서 있는 사람에겐 멈춰 서 있다고 합니다.
또 누워 있는 사람에게 행복은 드러누워 있고요.
움직이는 사람에겐 행복 또한 움직인다고 하네요.

그런데 이 말은 몸의 문제라기보다는
마음의 문제일 것 같지요?
하늘 향해 두 팔 벌린 나무들처럼,
우리들 마음이 하늘을 향할 수 있다면
행복은 이미 내 안에 찾아온 것이 아닐까요?

준규야

"준규야!"

내가 이름을 부르자

"어떻게 내 이름을 알았지요?"

하고 물었습니다.

자신의 이름을 목에 걸고 있으면서도요.

하늘을 비추는 별처럼

이 세상을 비추지 않고서는
그 별이 될 수 없습니다.

코스모스

수녀원 정원을 산책했습니다.
조금 서늘한 바람이 분다고 성모상 앞에
작은 코스모스가 피어 있었습니다.
정직한 땅의 모습을 보니 마음 한 켠이
찡~했어요.
코스모스 곁으로 가서 살며시 쓰다듬어 주었지요.
"어느새 피었니? 예쁘기도 하구나!"
충실한 자연을 보면
내가 얼마나 자신을 챙기며 사는지
금방 알 수가 있습니다
꼬마 코스모스가 내 마음을 들여다보고
비웃었을까요?

길

그때 그렇게
오래오래 달릴 수 있었던 것은
내 안에 불이 타올랐기 때문입니다.

하느님의 빛

어제 저녁엔 달을 한참 바라보았습니다.
울퉁불퉁한 돌덩이에 불과한 달이 어쩌면
저렇게 고울 수 있을까?
누가 밝게 빛나는 달을 돌덩이라고
상상이나 할 수 있겠습니까?
태양빛을 받아 돌덩이가 아름다운 달이 되듯이
하느님 빛을 받을 때 모든 게 달라지지요.

그대로 멈춰라!

달리는 속도에 따라서 세상은 달라보입니다.
차를 타고 달릴 때 보지 못했던 것이
천천히 걸어서 가면 하나둘 보이기 시작합니다.
엄마 등에 업혀 있는 갓난 아기의 땀띠도 보이고,
어깨가 축 늘어져서 걷고 있는 아저씨의
힘겨운 삶의 무게도 엿볼 수 있습니다
비 온 뒤 낙엽의 촉촉함,
신선한 바람도 느낄 수 있습니다.
그래서 가끔은 멈출 필요가 있지요.
멈출 때 진실이 보이고
이웃들이 보이기 시작하니까요.

그리움

가을은 뭐니 뭐니 해도 그리움의 계절입니다.
바람, 낙엽, 구름…
군더더기 하나 없는
쌀쌀한 날씨조차 깨끗하게만 느껴지고,
심금도 슬쩍 건드리기만 하면
무슨 소리를 낼 것 같이 팽팽합니다.
참 이상하지요?
날이 갈수록 마음은 완고해지는데
추억은 점점 부드러워지니 말이에요.
이루고 싶었던 나의 바람들…
덜 채워진 그리움의 그 여백으로 인해
오늘을 더 살뜰하게 살 수 있는 것 같습니다.

참 생명의 시작

참 생명의 시작은 봄이 아니라
나락이 베어지고 들판이 비어 있는 겨울부터이고,
하루의 시작은 아침이 아니라
어둠이 내리는 밤부터가 아닐까요?
살아 있는 모든 것의 진정한 출발은
모든 것이 사라진다고 시작되는 그 순간에
있을 것만 같습니다.
(멈춘다고 느껴지는 그 순간)
고드름도 거꾸로 매달려
제 키를 키우고 있지 않습니까?

관계

관계를 맺는다는 것은
무엇을 공유하는 것이 아닐까?

관계를 맺는다는 것은
아픔을 공유하는 데서부터 시작하는 것이 아닐까?

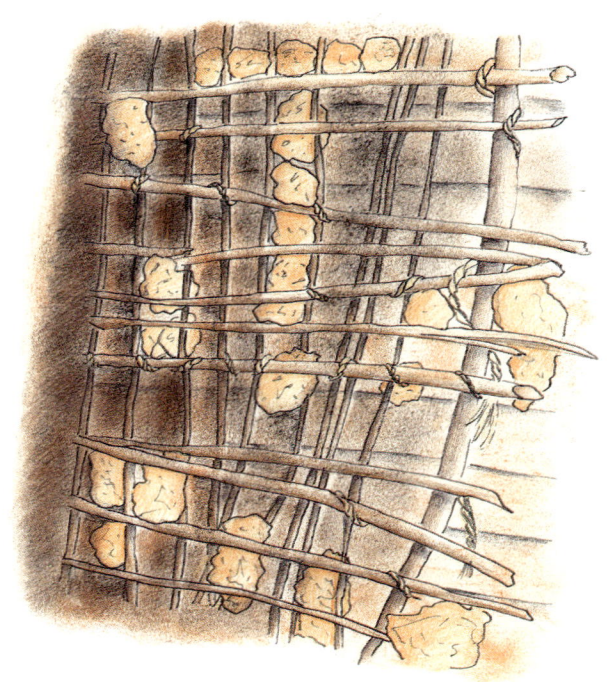

친구

수녀원에도 가끔 소독차가 다녀갑니다.
그런데 참 재미있는 일이 있어요.
소독차 들어오는 그 요란한 소리를 들을 때면
제 마음은 풍선을 타고 어릴 적으로 되돌아가곤 하지요.
소독차 그 뒤를 따라서 검은 연기 속으로
친구들과 함께 뛰어 놀던 기억도 새롭고
그 친구는 지금쯤 어디서 어떻게 살고 있을까 하는
생각도 잠시 스칩니다.
아무 것도 아닌 것처럼 보이는 것에서도
서로에게 축복을 빌어 준다면
나의 이기심이 먼저 소독되겠지요.

낙엽

흙에서 태어난 낙엽이
흙으로 다시 돌아가는 계절,
우리도 이승과 작별을 해야 할 때
지나온 삶의 빛깔이
가을숲처럼 아름다우면
얼마나 복되겠습니까?

봄은 자꾸 깊어만 가는데...

봄은 자꾸 깊어만 가는데
아직도 지난해의 빛바랜 잎사귀들이
나뭇가지에 간간이 붙어 있습니다.
새 잎사귀를 위해 자신의 자리를 양보할 줄 모른 채,
못내 떨어지기를 아쉬워하는 바싹 마른 나뭇잎들은
더 크고 강한 바람이 불어야 떨어지는가 봅니다.

숙제

그분께서 등을 떠밀어
나를 이 세상에 보내실 때
고사리 같던 손에
쥐어 주신 사명은 무엇일까요?

아마도
"길 잃지 말고 잘 돌아오라"는
숙제가 아니었을까요?

말

말을 조금 길게 발음하면 '마알'이 되고
이것은 '마음의 알맹이'라는 뜻입니다.
말은 '마음의 알맹이'이기 때문에
누구의 가슴에나 스며들어가
기쁨을 주기도 하고 아픔을 주기도 하지요.

삶에 활력을 불어넣어 주는
우리가 서로 서로 써야 할 말들이 있습니다
　"참 잘 하시는군요."
　"자신이 넘쳐보여요."
　"당신을 신뢰합니다."

마지막 순간까지

하루 살고 나면 우리 몸에서 마른 먼지가 쏟아집니다.
나이가 들수록 몸에서 떨어지는 먼지를 실감하는데
몸뿐 아니라 마음에도 먼지가 차곡차곡 쌓이지요.
그래서 어른들께서 '사는 게 죄'라고 말씀하시는가 봅니다.
신앙인을 가리켜서 '노력하는 죄인'이라는 말이 있는데
사실 노력하겠다는 마음이 있다는 것은
이미 희망의 길에 접어든 것이 아닌가 싶습니다.

입이 열 개라도

탈무드에 나오는 이야기입니다.
나무를 자르려고 도끼가 숲에 들어왔을 때
나무들은 그 도끼의 자루가
자기들 중의 하나였다는 것을 알고
엉엉 울었다고 합니다.

우리 사람들
입이 열 개라도 할 말이 없지요.

나와 다른 남

우리 대부분은 파란색을 보면 시원함을 느끼고
초록색을 보면 휴식을 느낍니다.
그런데 거센 파도와 싸우며 고기를 잡는
어느 어부는 파란색이 두려울 수 있고,
지겹도록 꼴을 베는 어느 농부는 초록색에서
휴식을 느끼지 못할 수도 있습니다.
남은 나와 다르게 느낄 수도 있음을 인정하는 것!
세상의 평화는 여기서부터 오지 않을까요?

낮은 목소리!

낮은 목소리는 고개를 끄덕이게 만듭니다.
강풍으로 머리를 치는 게 아니고,
훈풍이 되어 꽉 닫힌 가슴께의 단추 하나를
끄르게 만들지요.

나는 특별합니다

나는 특별합니다
나와 똑같은 사람은 하나도 없으니까요.
이 세상 어디에도…
나처럼 웃고
나 같은 목소리를 가지고
나처럼 생각하거나 행동하는 사람은 없지요.

나는 나일 뿐
나는 굉장한 가치가 있어요.

아 프 지 마 라

"아프지 마라."

"네가 아프면 내가 더 아프니까."

몸과 마음은 하나입니다.
몸은 보이는 마음이요,
마음은 보이지 않는 몸이기 때문이지요.

은총

움켜쥔 손 펼치고
닫힌 마음의 문을 열어 젖히면
초라하고 조그만 내 속 뜰에도
그분의 향기 가득 넘쳐 흐릅니다.
가진 것이라곤 나약한 의지와
휘청대는 하루 그리고 깊은 목마름뿐이지만
그분의 은총 넘치도록 채워 주십니다.

그래도 희망은 있습니다

지금 해결되지 않는 어떤 문제 때문에
고민하십니까?
처해 있는 현실이 '바늘구멍'만큼의 희망도
보이지 않으신다구요?
죽고 싶을 정도로 '숨'이 막히십니까?

그래도 우리에게 희망은 있습니다.
아주 작은 불씨 하나 남아 있다면…

흠

요즈음 전철역이나 큰 건물 입구에 보면
인조 꽃밭이나 인조 나무가 꽤 많습니다.
인조라고는 하지만 얼마나 실제와 똑같은지
거의 구분을 할 수가 없습니다.
그런데 만져보지 않고 눈으로 구분할 수 있는
방법이 하나 있어요.
가만히 보면 실제 꽃밭이나 나무는
반드시 흠이 있고 병든 것이 끼어 있습니다.
병들고 흠이 있다는 것!
이것이야말로 살아 있다는 확실한 증거겠지요?

순간을 영원처럼

인생에는 길이도 있지만
높이도 있습니다.
길이는 내가 어떻게 할 수 없지만
높이는 내가 어떻게 사느냐에 따라
달라집니다.
순간을 영원처럼 살 때
내 인생의 높이는 한 뼘 더 자라겠지요?

그냥 바라봐 주세요

서두르지 않고, 재촉하지 않고,
너무 바라지 않고, 지나치게 기다리지 않고,
그냥 바라봐 주세요.
아이들은 저들의 능력만큼 자란답니다.

찾아보기

새해 6
울타리 8
바로 당신 10
고독을 잃어버린 삶 12
무엇이 두렵습니까? 14
하느님의 조카딸 16
그분을 부를 때 18
걸리는 게 없으면 20
소망 22
다시 한번 23
슬럼프 24
행복 26
국수 한 그릇 28
여백 30
…에도 불구하고 32
함께 34
목표 36
자유 1 38
함께, 서로, 우리 40
나침반 42
기초작업 44
이걸 먹으면… 46
조연 48

숨은 그림 50
지금, 여기 52
박수 54
바람 56
나에게 58
마음이 틀 땐 59
생각하는 자리 60
침묵 61
한 가족 62
판단력 63
시간 좀 내세요! 64
그분은 66
그대로 그렇게 68
이럴 땐 어떡하나요? 70
청사진 72
성공 74
말없이 76
나 하나만이라도 78
겨울 80
인생 82
부활 84
라뽀니 86
부르심 88

만남 90
육화 92
멀~리 멀~리 94
누구실까요? 96
폭력 98
사이 사이 100
자유 2 102
소중한 일 104
조금 더 찬찬히 106
두근두근 108
선입견 110
버스 정류장 112
일치 114
힘드신가요? 115
고민 116
마음 118
왜 둥글까? 119
행복 120
준규야 122
하늘을 비추는 별처럼 124
코스모스 126
길 128
하느님의 빛 129

그대로 멈춰라! 130
그리움 132
참 생명의 시작 134
관계 135
친구 136
낙엽 138
봄은 자꾸 깊어만 가는데… 139
숙제 140
말 142
마지막 순간까지 144
입이 열 개라도 145
나와 다른 남 146
낮은 목소리! 148
나는 특별합니다 150
아프지 마라 152
은총 153
그래도 희망은 있습니다 154
흠 156
순간을 영원처럼 158
그냥 바라봐 주세요 160

기도 바구니

글 : 윤해영 바실리사 수녀
그림 : 김선명 스테파노 수사
펴낸이 : 백기태
펴낸곳 : 성바오로
주소 : 서울 강북구 송중동 103-36
등록 : 7-93호 1992. 10. 6
1판 1쇄 : 2004. 3. 30
1판 4쇄 : 2011. 5. 11
SSP 703

취급처 : 성바오로보급소
전화 : 9448--300, 986--1361
팩스 : 986--1365
통신판매 : 945--2972
E-mail : bookclub@paolo.net
http://www.paolo.net

값 10,000원
ISBN 978-89-8015-521-7